D1738974

GUILLEVIC

Sphère

suivi de

Carnac

GALLIMARD

Sphère

CHEMIN

à André Frénaud.

Auprès d'une eau trouvée
Dans un ruisseau de mai,

La douceur était là,
Qui manquerait.

★

Vous étiez entre vous, buissons.
C'était permis.

★

Envers les puits la lune
Avait de la pitié,

Mais entre les bois
Les prés criaient

Et par la lumière de la lune
Revenaient leurs cris.

*

A la lumière de la lune,
Quelle mesure demander?

*

Bonnes à toucher :
La feuille du noisetier,
L'eau dans l'ornière,
La mémoire de la violette.

*

La courbe que l'oiseau
Va suivre s'il s'envole.

*

Quand la bruyère encore
Entre soleil et soir
Se gardait de bouger,

Le ramier
Ne fut pas de trop.

*

Une voix
Peut sortir du bois.

Peut-être déjà
Voudrait-elle venir

Avec son corps.

*

Entre la lune et les buissons
Il y a une longue mémoire
Et des souvenirs de corps qui s'aimèrent,

Mais qui maintenant
Sont devenus blancs.

*

L'étang doit savoir
Et sous la lumière de la lune
Il en dort mal.

*

Pierres froides pour les joues de l'homme.
Pierres froides sous le cou de l'homme.

*

Écoutant le vent, lui,
Écoutant la lune,

Écoutant vos dires,
O buissons malgré l'étendue.

*

L'eau coule plus bas
Raconte pour qui sait entrer.

Le froid
Est ouvert toujours.

*

Quoi lui échappe et fait
Qu'il n'est pas d'ici?

Exilé même
Du pays des larmes.

Espèce d'otage
Désigné, oublié.

*

Que ses regards posés
N'arrêtent pas les couleurs.

*

Repliées ou qui se replieront
Sur le temps qui leur est épais et donné,
Des bêtes.

Plus ou moins dormant —
Mais dormir?

Douces au toucher, souvent,
D'autres comme les rochers.

Toutes, quand elles regardent,
Avec des yeux pires que l'étang.

★

Cherche au bout du chemin
Une vieille maison dans son peu de lumière.

Qu'elle résonne comme ayant la mesure
Lorsque la lune est avec elle.

★

Qu'il y ait dans cette maison
Une femme sans emploi,

Ce regard
Où le soleil a calmé la lune

Et des seins pour votre gloire.

★

Pervenche, pervenche,
Dis-le-lui, prédis-le-lui

Que, cette fois,
Ce n'est pas pour qu'on l'écarte.

*

Toute la terre en parlant
Viendrait à lui par le noisetier.
Toute la terre en tremblant
Viendrait à lui par ses yeux à elle.

*

Alors il pourra boire, après,
Et rire avec les gens du pays,

Peut-être sourire
Au milieu des gens du pays,

Comme les corps trop blancs ne font plus,
Comme font parfois les buissons,

Lorsque la lune a vaincu le vent
Et qu'ils sont entre eux,

Tolérant le lièvre
Et les rêves de quelques pierres.

*

L'amour qu'il a lui donne
Un autre aspect des fleurs.

*

Souriant pour ceux du pays et pour lui
Qui fut reçu,

Quand la lune accompagnait les buissons,
Que dormaient plus ou moins les bêtes.

Dans leurs yeux pires que l'étang
Apporter la douceur
De l'eau du ruisseau de mai,

Et que les corps trop blancs
N'aient plus si froid hors des buissons,

Que la lune s'enchante à la courbe de l'oiseau,
Que le répit s'étende aux prés.

*

Le lendemain d'une longue journée de travail,
Dans le matin de fraises des bois et d'alouettes,
Le soleil plus pressé que lui,

Il savait ce que c'est
Que bien dormir.

*

Vers l'avant ni vers l'arrière
Le chemin ne s'arrête là.

La lumière de la lune
N'a pas abdiqué.

Pour les joues de l'homme
La pierre encore peut être froide

Et sa bouche crier
Comme font les prés.

DE MA MORT

Ce n'est pas moi
Qui fermerai,

Pas moi qui crierai
Pour la fermeture.

C'est qu'on me fermera.

La lavande
Est passée dans l'air,

Voulait rester.

☆

Ici
L'air est coupant

Comme ce qui sera
Pour la fin de tes jours.

☆

Ciel bleu, ciel grand,
Te regardant,

Je suis bien
Lorsque je suis toi,

De mon vivant.

☆

Je m'étais endormi
Dans les destins de l'herbe.

Je n'en avais plus.

C'est aujourd'hui, j'avais seize ans,
Que tu es mince et blanche sur ton lit,
Étendue au milieu des couronnes de perles.

C'est aujourd'hui que j'ai,
Pour vivre, ton amour.

Pâlotte fleur,
Ce qu'il en reste.

Le vent, la pluie,
Si peu d'égards.

Le pigeon qui venait
Mourir auprès de toi,

Qui mourait dans l'espace
Où tu devras mourir.

19

☆

Je t'écoute, prunier.

Dis-moi ce que tu sais
Du terme qui déjà
Vient se figer en toi.

☆

Si cela pouvait être
Aussi satisfaisant,
Aussi doux que laisser
Le sommeil me contraindre,

Cependant que j'aurais
Conscience encore un peu
D'aider l'envahisseur

Vers l'îlot qui sera
Le dernier à livrer.

☆

Il faudrait accepter

Pas la mort,
Mais la mienne.

☆

L'autre temps,
Celui-là qui n'est pas au présent,

Tournait autour de moi
Sa gueule qui a faim.

☆

Du moins je n'aurai pas
A me connaître alors,

Pas à me voir cadavre.

☆

J'ai possédé parfois
Le volume et la courbe,

La vôtre avec la mienne,

Et j'ai tout enfermé
Dans la sphère qui dure,

Qui pourrait durer plus
Si je n'y mettais fin
Pour encore essayer.

☆

Si elle avait voulu

Tout autant de moi
Que je voulais d'elle,
Ma terre,

Il n'y aurait pas eu
De terme à notre amour.

☆

Au bord le plus souvent
De quelque chose de géant
Qui m'en voudrait.

Parfois après l'à-pic
Et parfois de plain-pied,

Quelque chose de clos
De hérissé, de lourd,
Qui serait là.

22

Un poème peut-être
Ou la fin de mes jours.

☆

Parce qu'il y a terme
A ces jours devant toi,

Que d'aller vers ce terme
Fait par-dessous tes jours
Un creux qui les éclaire,

Tu as le goût
De ces rapports qui sont de joie
Avec les murs et le rosier.

☆

Le voyage était là, partout,
Le voyage était de toujours.

La profondeur environnait,
Parfois s'ouvrait.

Hasardeuses,
Étaient les étapes,

Le but gardé
Comme un secret.

★

M'endormant chaque soir
En me voyant gratter
Ce côté-ci de la surface.

★

Toute une vie
Avec un terme

Comme un loyer,
Comme un trimestre,

Dont meurt un pin,
Dont meurt un homme.

Toute une vie
Pour faire en sorte

Qu'il ne soit pas,
Qu'il soit passé.

☆

Qu'elle soit longue, au moins,
Cette vie qu'il faut vivre.

Car difficile
Est la leçon.

☆

Si quelque chose pour la fin
Veut se garder,
Comment savoir?

Et s'il n'y avait pas
De grand dernier moment?

Si la fin
N'avait pas de bord?

Si tout s'abandonnait
Avant d'arriver là
Ou si c'était soudain?

Tu ne t'es pas pour rien
Écartelé au long des jours
Sur toutes les courbes.

Tu en as ramené
Ce gibier tremblotant
Que tu tiens pour donner.

☆

Quand je ne serai plus,

Les rochers porteront
Plus lourd qu'ils n'ont porté,

Le jour tâtonnera
Plus inquiet vers la mer.

Peut-être que l'abeille
Volera tout pareil,

Mais les fleurs recevront
En amie la rosée.

La boue des chemins creux
N'attendra plus autant,

La carrière craindra
Un peu plus de midi.

Il manquera ce lien
Entre tous ceux qui pèsent.

Je ne remplirai plus
Les gouffres qui voudront
Se remplir avec vous.

Vous m'accuserez tous
De ne plus être là.

Si ce sera monter
Vers le point terminal,
Si ce sera descendre,

La question
Restera posée.

Et c'est peut-être encore
Accorder trop de sens

A ce qui peut
N'en pas avoir,

Ennoblir
De l'horreur.

☆

Et pourtant comme si
Ce que je dis ici,
Ce que je cherche à dire

N'avait rien de commun
Avec ce qui sera
Le terme de mes jours,

La fin définitive
D'une vie qui vivait,

Cette inimaginable fin
D'une épopée
Dans le plus rien.

Car tout ce que je touche
Tourne autour
Sans toucher.

PAYS

I

Seul trou dans le tissu
De silence et d'eau lente
Où rien n'osait bouger,

Au bord d'un bras de mer,
La mouette aux yeux frêles
Déchiquetait sa proie.

II

Un seul cri, mais, soleil,
Évite-nous les tiens.

Un seul cri, c'est assez
Pour casser l'équilibre.

Tant d'amour a manqué
Qu'on ne s'y connaît plus.

L'eau a rêvé de toi,
Soleil, en ton absence.

Elle a rêvé de toi :
Tu viendrais sans crier.

Elle a rêvé de toi
Qui serais apaisé

D'avoir longtemps dormi
Près de l'ombre apparente.

IV

Sable et vase, en travail
Pour devenir de terre,

N'avoir plus cette soif
De mer et de marée

N'avoir plus la mouette
Comme éternelle sur sa proie.

V

Il y a sacrifice,
On ne sait pas de qui,

A moins que ce ne soit
De celui qui regarde.

CHOSES

Un bol bowl luck

Fait, toi aussi,
Pour contenir.

Autour de nous,
Toujours c'est le passage.

Nous sommes arrêtés
Maintenant
Face à face.

Investis, surrounded
Mais fidèles.

Un clou [nail]

Le clou
N'est qu'un peu rouillé.

Il n'a pas dû servir encore.
Il reposait
Comme on repose.

Il est de ceux qui font
Ce silence parti → silence went in search of itself
A sa propre recherche.

33

anaphora

subject-object / pronominal relationship

dialectic relationship btwn human & object
cancels any potential anthropomorphisation

elementality of stiffness

insistance of materiality; of solidarity

re te: dimension discursive

relationality

Un marteau *hammer* *(like a gavel?)*

Fait pour ma main,
Je te tiens bien.
Je me sens fort
De notre force.

Tu dors longtemps,
Tu sais le noir,
Tu as sa force.

Je te touche et te pèse,
Je te balance, *to swing*
Je te chauffe au creux de ma main.

Je remonte avec toi
Dans le fer et le bois

Tu me ramènes,
Tu veux
T'essayer,
Tu veux frapper.

Je-que: la matérialité du texte: un rapport (contact
phys) par laquelle texte **34** fait référence
une réalité discursive du texte, un sens
immanent au texte
⟶ opposite of transcendence; "wholly contained within"

Un bahut

Je t'ai ciré,
Je t'ai frotté,

J'ai pris plaisir
A te donner ma peine,

A sentir mon pouvoir
Sur ton gros bois de chêne.

Presque tu ronronnais
Sur ton linge et ton creux.

Je te regarde maintenant,
Je me sens net.

35

Ciment

J'ai essayé
Avec le ciment.

Il ne sait rien,
N'est pas relié,
N'habite pas,
N'est pas habité.

Il ne craint pas.

Arbre l'hiver

L'arbre, ici, maintenant, debout,
Rien que du bois,
Comme un oiseau figé debout
La tête en bas.

L'arbre vécu
Comme du bois
Et comme oiseau
Ne bougeant pas.

Prunier

Comme si tu croyais
Que je ne te suis rien,

Si tu ne savais pas
Que j'ai fait avec toi
Ces fruits qui t'ont mûri,

Si tu ne savais pas
Que je vais avec toi
Dans le plus de possible,

Comme si tu voulais
Désavouer, cacher.

Nous ne sommes pourtant
Pas plus incestueux
Que d'autres qui se trouvent.

Où?

Ce qui n'est pas dans la pierre,
Ce qui n'est pas dans le mur de pierre et de terre,
Même pas dans les arbres,
Ce qui tremble toujours un peu,

Alors, c'est dans nous.

La légende

Longue est la légende
Et c'est un besoin.

Longue est la légende
Et nous achemine.

Ne la cherche pas,
Elle est toujours là,

Elle est dans un creux,
Avec son gris rauque,
A garder l'écho.

Elle est dans la pierre
Veillant près de toi,

Qui a vu le monde
Où rien ne parlait.

Elle est dans le fer
Qui vient d'aussi loin,
Du plus gris des noirs,

Dans ton sang chargé,
Dans tes yeux de terre
Où le feu fait loi.

Une statue

Il n'y a que la nuit,

Et ses intermittences
Où tombe du soleil
Sont des provocations.

Je suis enracinée
Dans le grondement de la pierre.

Je tiens mon fils,
J'ai peur

Qu'il n'aille vers le jour
Et que la pierre alors
Ne nous refuse.

La bouteille

Et si tu n'étais plus
Qu'une bouteille imaginée?

Bien sûr, la même ligne,
Ta couleur de bouteille,
La lumière au travers,
L'horizon pour patrie.

Parti, ton contenu
De vin, de tourbillon
Versable dans le verre,

Rien qu'un spectacle
Inoffensif.

Des haltes

A Pierre Daix.

Nous entrions parfois dans des cafés secrets
Sur le bord de la route.

Il pouvait y avoir une marche à descendre,
Il y avait toujours une table à choisir
Dans le silence ou le murmure des paroles.

L'ombre y était la plus ancienne des habitués,
Elle avait occupé toutes les places longuement.

Le soleil était là en accord avec elle,
Se posait sur un front, sur ta main, sur un verre
Et s'en allait bientôt comme un dieu qu'on
[oublie.

Pendant la halte qui semblait s'éterniser,
De l'expérience nous venait

Et nous sortions toujours de ces cafés secrets
Pas tout à fait les mêmes qu'en entrant.

Rond

— Qu'est-ce qu'il y a donc
De plus rond que la pomme?

— Si lorsque tu dis : rond,
Vraiment c'est rond que tu veux dire,
Mais la boule à jouer
Est plus ronde que la pomme.

Mais si, quand tu dis : rond,
C'est plein que tu veux dire,
Plein de rondeur
Et rond de plénitude,

Alors il n'y a rien
De plus rond que la pomme.

Traversée

Sur tant de chemins
Cette chose encore,
Qui veillait sur quoi?

Sans corps,
Mais pas sans regard peut-être
Et des espèces de bras.

Parfois tu croyais
L'avoir écartée, caressée, vaincue.

Probablement
Il n'y avait rien
Sur le chemin.

Bruits

J'étais dans des bruits.

Chaque fois la perforatrice
S'acharnait plus haut.

J'attendais un cri
Qui résumerait,
Qui effacerait,

Qui ramènerait
A ce qui se tait.

Le soleil

Le soleil jamais
Ailleurs qu'en lui-même
Ne verra la nuit,

Puisque ce noir qu'il jette
Caille en lumière
Autour de lui.

Étoile

Étoile assouvie
Par le feu, le froid,

Étoile assouvie
Par le jeu des lois,

Par l'espace roi,
Par le temps plus roi,

Étoile assouvie
Par le peu de vie,

Tombe si tu crois
Plus loin que l'effroi.

Rocher

J'ai besoin d'être dur
Et durable avec toi,

Contre tout l'ennemi
Que ta surface arrête,

Besoin que nous soyons
Complices dans la veille

Et la nuit passera
Sans pouvoir nous réduire.

La flamme

J'ai vu la flamme. Elle est partout,

Dans ce que je regarde
Quand pour de bon je le regarde.

Elle y demeure et bouge
A peine plus qu'un mot,

Dans le morceau de zinc, le panneau de l'armoire,
Le crayon, la pendule et le vin dans les verres,
Dans le pot de tabac, dans l'émail du réchaud,
Le papier sur la table et le linge lavé,
Dans le fer du marteau, dans la conduite en
[cuivre,
Dans ton genou plié, dans tes lieux plus cachés.

Parfois dans l'âtre la voilà
Qui se dévoile, se proclame
Et va périr.

Ailleurs, tout comme d'autres,
Elle cherche sa place,

Elle cherche son chant
Dans la chair du silence,

Brûle du temps qui vient,
Refuse le sommeil,
Fait son travail de flamme,
Nous sauve et veut sourire.

Fouillis d'étoiles

Parfois les nuits sont si claires
Qu'elles sont comme un appel.

Il peut y avoir tellement d'étoiles
Que dans ce fouillis solennel

A peine si tu distingues
Çà et là quelques étoiles :
Celles qui sont condamnées.

Couchant

C'était,
Sur le sommet des arbres,

Un soleil
Qui lui aussi
Voulait toucher.

Battement

Pas d'aile, pas d'oiseau, pas de vent, mais la
[nuit,
Rien que le battement d'une absence de bruit.

Ta main

Toutes les mains
Sont aventure,

Partent pour toucher,
Se savoir alors,
Se résumer.

Dans toutes les mains
Gronde la fureur
Qui permet aux rocs
De tenir encore.

Toutes les mains ruminent
L'histoire de la terre,
Tremblent de cette histoire.

Parmi ces mains, la tienne
Émerge de l'histoire
Et se souvient de moi.

Habitations

J'ai logé dans le merle.
Je crois savoir comment
Le merle se réveille et comment il veut dire
La lumière, du noir encore, quelques couleurs,
Leurs jeux lourds à travers
Ce rouge qu'il se voit.

J'ai fait leur verticale
Avec les blés.

Avec l'étang j'ai tâtonné
Vers le sommeil toujours tout proche.

J'ai vécu dans la fleur.
J'y ai vu le soleil
Venir s'occuper d'elle
Et l'inciter longtemps
A tenter ses frontières.

J'ai vécu dans des fruits
Qui rêvaient de durer.

J'ai vécu dans des yeux
Qui pensaient à sourire.

CONSCIENCE

Saluer

Dans les pierres, dans leur intérieur,
Il n'y a rien d'autre que la pierre
A saluer.

Mais saluant la pierre,
Qu'est-ce que tu salues?

C'est le tournoiement
Que tu as aussi?

Ou c'est plus lointain
Et c'est plus central,

Un refus de dire
Creusé dans le oui?

Paysage

Je m'aménage un lieu
Avec ce paysage

Assez lointain pour être
Et n'être que le poids
Qui vient m'atteindre ici.

J'émerge de ce poids,
Je m'aménage un lieu
Avec ce paysage
Qui tournait au chaos.

Dans ce qu'il deviendra
Je suis pour quelque chose.

Peut-être j'y jouerai
Des bois, des champs, de l'ombre,
Du soleil qui s'en va.

J'y régnerai
Jusqu'à la nuit.

Parler

Tu as cru que le muret
Pour de bon te parlait —
Il ne te parlait pas.

Tu as cru que le muret se taisait —
Il ne se taisait pas.

Tu as cru que le muret
Parlait à quelqu'un qui n'était pas toi.

Même pas à lui, même pas pour lui
Parlait le muret.

Parlait avec toi,
Ensemble avec toi.

Vous étiez vous deux, vous vous racontiez
A la cantonade
Qui n'était pas là,

Qui n'existait pas,
Qui vous déléguait.

Dans le puits

Dans le puits donc,
Dans le fond du puits.

On est à l'écart,
On est loin de tout.

Plus rien n'est à faire
Que se rappeler,
Peut-être oublier.

Mais la fête, alors,
Ce sera pour qui?

Il faudra qu'elle vienne,
La fête.

Ouverture

à Simone.

Quand chacun de tes jours
Te sera sacré,

Quand chacune de tes heures
Te sera sacrée,

Quand chacun de tes instants
Te sera sacré,

Quand la terre et toi,
L'espace avec toi
Porterez le sacre
Au long de vos jours,

Alors tu seras
Dans le champ de gloire.

Rivale

Et si, tourné vers l'ombre en fonction sur le mur,
Je lui disais : « Silence, il fait soleil,
« Épargne-toi,

« L'événement
« Sera pour moi. »

Soir

Ce soir non plus
Pas de prière à faire
A la figure sans visage.

Pas de vénération
Ni de supplication.
Pas de reconnaissance
Pour le fait d'être là,

D'avoir encore un jour
Vécu pour vivre encore

Dans la gloire du jour,
Dans les troubles combats
Voulus pour la garder.

Même si l'extérieur
Quittait sa consistance,
Abaissait sa rigueur

Et si nous attaquaient
La distance et la perte,

Il n'y a de recours
Dans rien d'autre ; la peur
Nous devons la traiter.

Maîtres nous resterons
Des heures encerclées
Par le sommeil qui peut attendre.

Et nous les porterons
Vers ce point qui se trouve
Être le centre et la limite.

Maudire

Cherchant mon chemin
Vers le bord du temps

Ou pour le longer
Ou pour le quitter,

Quelquefois j'ai cru
L'avoir traversé

Et plus rien, personne,
Je ne maudissais.

Maintenant je vais
Plutôt vers le centre.

J'ai trop à savoir
Et maudire est loin.

Tenir

Tout ce qu'on a tenu
Dans ses mains réunies :

Le caillou, l'herbe sèche,
L'insecte qui vivra,

Pour leur parler un peu,
Pour donner amitié

A soi-même, à cela
Qu'on avait dans les paumes,

Que l'on voulait garder
Pour s'en aller ensemble

Au long de ce moment
Qui n'en finissait pas.

Tout ce qu'on a tenu
Dans ses mains rassemblées

Pour ajouter un poids
De confiance et d'appel,

Pour jurer sous le ciel
Que se perdre est facile.

Tout ce qu'on a tenu :
L'eau fraîche dans les mains,

Le sable, des pétales,
La feuille, une autre main,

Ce qui pesait longtemps,
Qui ne pouvait peser,

Le rayon de lumière,
La puissance du vent,

On aura tout tenu
Dans les mains rapprochées.

Du dehors

Le roc non plus
Ne sait rien de l'image
Qu'ont de lui les amants
Dans son ombre adossés
Aux vestiges du temps.

Ce qu'il sait, c'est la force
En lui du tremblement
Qui ne l'a pas quitté,

Son rêve d'être ensemble
A pénétrer le lieu
Fait de l'autre et de soi

Confondus dans l'approche
Et dans la découverte.

Le présent

N'importe quoi, quelques moineaux,
Un mur pareil à d'autres murs,

N'importe quoi mais au-dehors
Pour être sûr de ton présent.

Mère

Mère, nous te savons
Grandiose de la terre,

En communication
Avec les profondeurs
Élaborant l'humus,

Avec les eaux cachées
Qui n'émergeront pas,

Avec les minerais
Jaloux de leur histoire,

Avec les grands magmas
Qui pourraient s'émouvoir.

Reliée aux racines
De la pesanteur.

Durée

Courte est la journée,
Courts sont tous les jours.

Courte encore est l'heure.

Mais l'instant s'allonge
Qui a profondeur.

Parenthèse

Peut-être que le monde est mort
A l'instant même,

Que tout a basculé dans une autre lumière
Qui ressemble assez bien
A celle d'autrefois.

Il reste un simulacre
De murs et de rochers
Où tu vas sans l'histoire.

A moins qu'un homme vienne
Et sourie en passant.

La tentation

Ce vase un peu dans l'ombre au bord de la
                          [fenêtre
Qui voudrait t'entraîner dans d'autres
                        [tourbillons,

Regarde-le plutôt comme si de tes mains
Tu l'avais façonné,

Comme si c'était toi
Qui venais de le faire.

Les alliés

J'ai des alliés
Que je ne connais pas.

J'ai des alliés
Qui me tiennent en vie,
Qui me donnent racine.

J'ai des alliés
Qui sont à mon côté,
Qui me prêtent main-forte.

Peut-être que ma vie
Se passe à les chercher.

Je sais, je crois savoir
Un peu quoi je maudis,
Je ne sais pas qui m'aide.

En cet automne qui pourrit
Sous l'automne et la pluie,

Quand je m'en vais, marquant
La boue de mes souliers,

Sous un ciel dont je n'ai
Rien à dire qu'effroi,

Écrasant tant de feuilles
Qui vivaient comme moi,

M'en allant dans le vent
Qui va comme je vais,

Près des herbes tremblant
Plus que je n'ai tremblé,

Je vous sens, mes alliés
Qui n'avez pas visage
Ou le tenez caché.

N'aurons-nous pas ensemble
Un jour un rendez-vous

Durable et solennel
Comme est une clairière?

Centre

I

Dérisoire il est

Dans l'énormité
Des formes, des forces.

Une misère il est,
Il sait ce qu'il est.

Mais centre il se sait,
Assumant le centre.

II

Gloire dans la sphère
Devient sa misère.

Que toujours misère
Il se sache encore,

Glorieux, mais fragile
Au centre des courbes.

Devoirs

Peut-être un seul devoir. L'herbe se doit au jour,
Le soleil ne peut pas refuser l'étendue,
L'eau qui ne peut couler se voit déjà perdue,
Mais nous devons choisir et nous vivons d'amour.

*

Nous n'avons pas rêvé que la fleur soit tournée
Vers notre seule joie et qu'un soleil couchant
Ne soit là que pour nous et la fleur condamnée.

*

Parce que vous étiez les innocents qu'on brave
Et sinon l'innocent qui faut-il respecter?
Parce que vous étiez des pauvres qui le savent
Et que savoir ainsi c'est ne pas accepter.

*

La colère montait rencontrer la lumière
Et comme la lever et lui servir d'appui.

VARIATIONS
SUR UN JOUR D'ÉTÉ

à Janine et Marcel Arland.

Aujourd'hui c'est l'été.
Plus rien n'est divisible.

☆

Quelques tuiles
Et l'air chaud.

Pas de vent,
Mais sa loi.

☆

L'avenir est au bord du toit,
Un peu plus près que la gouttière.

☆

Le soleil, la lumière
Se seraient accordés,

A tel point que le toit
S'éprendrait de ses tuiles.

☆

Si travail et courage
Ont pris de la hauteur,

Que reste-t-il à faire
A qui ne rêve pas?

☆

Qu'il est donc blanc ce bleu
Qui s'approfondissait.

☆

On parlerait d'un air
Du chant, d'une chanson

Où le silence aurait
Posé ses fondations.

☆

Cave proscrite,
Cave lointaine,
Un peu présente.

☆

Pourquoi miracle?
Un jour d'été,
Le jour d'été.

☆

Du noir s'en vient
Le clair qu'il a.

☆

L'air est savant,
La feuille aussi,
La tuile aussi

Et moi qui vois leur science
Et ne veux pas trembler.

☆

Un souffle d'air :
Nécessité.

L'avoir nommé :
Il est content.

☆

Comme le jour d'été?

Comme l'endroit où la lumière
Au bord du toit trouve à parler?

Clair comme les rapports
De l'hirondelle avec son vol?

Clair comme le mot clair.

☆

Et m'endormir après
Vous avoir vus longtemps
Qui jouez entre vous,
Ciel, toit, rameaux, gouttière
Et la bergeronnette,

M'endormir en restant
A jouer avec vous,
Aussi léger que vous,
Aussi content que vous,
Comme j'aime à dormir.

☆

Était l'été.

Ce qui s'en dit
Est pris sur lui,
S'ajoute à lui

Pour un été
Plus accompli.

☆

L'azur est loin
Qui m'envahit.

☆

Quand l'été marchera
Vers son plus grand tapage,

Qu'il sera sur le point
De ne plus avancer,

Alors le prendre, nous,
Le fêter parmi nous.

☆

Caresser l'été,
Savoir de l'été

Le poids d'allégresse
Qu'on peut supporter.

☆

Aller dans le clair
Presque comme si
L'on était chez soi.

☆

Conquérir est le mot
Qui pourrait moduler
L'espace de l'été.

La gloire serait là
Qui le réunirait

Dans un futur
Presque vécu.

☆

Il vient de loin
Tout ce grésillement

Qui a devoir
De s'ouvrir les frontières.

CHANSONS

Chanson

Au carrefour des trois brouillards
Il passait bien quelques passants.
En passant ils gardaient leur sang,
Des plus lourds jusqu'aux plus fuyards.

Ceux qui ne doutaient pas d'eux-mêmes
Au carrefour des trois nuages
Gardaient le nom de leur village
Et leurs chants et leurs anathèmes.

Au carrefour des trois brouillards
Ceux qui passaient perdaient pourtant
Mais pas plus que le peu de temps
Qu'ils auraient à donner plus tard.

Berceuse pour adultes

A coups de métal,
A coups de vautour,
A coups d'océan,
A coups d'édredon,

A coups d'embrassades,
A coups de cresson,
A coups de pressoir,
A coups d'églantine,

A coups d'escalier,
A coups d'orphéon,
A coups d'horizon,
Dors et fais tes rêves.

Chanson

N'était peut-être pas venue,
Quand tu croyais l'avoir tenue.

N'était peut-être jamais née,
Ton souvenir, ton épousée,

Était peut-être dans tes bras,
Lorsque tu la pleurais tout bas.

Avait peut-être un corps tout chaud,
C'était pour toi, c'était trop beau.

Avait peut-être deux regards,
L'un pour t'aimer, l'autre pour quoi?

N'était peut-être que douceur,
Quand c'était toi craignant ton cœur.

A peut-être saigné ton sang
Pour que tu sois cet innocent.

Peut-être née, peut-être morte,
Pour que tes jours, tes nuits la portent.

Peut-être t'aura tant aimé
Que jamais ne s'en est allée.

Est restée, si elle est venue,
Et contre toi se serre nue.

Chanson

Aussi bien que de pluie,
Aussi bien que de ciel.

Aussi bien que d'acier,
De laine ou de pitié.

Aussi bien que d'aller,
Aussi bien que de voir.

Aussi bien que de joue,
De lèvre ou de cheveu.

Aussi bien que de rire,
De colérer, d'attendre.

Aussi bien que d'en être
Et d'apprendre de quoi.

Aussi bien que d'errer
Quand c'est entrer qu'on veut.

Chanson

Pas par le plafond,
Pas par le plancher,
Petit enfant sage,
Tu ne partiras.

Pas brisant les murs
Ou les traversant,
Pas par la croisée,
Tu ne partiras.

Par la porte close,
Par la porte ouverte,
Petit enfant sage,
Tu ne partiras.

Ni brûlant le ciel,
Ni tâtant la route,
Ni moquant la lande,
Tu ne partiras.

Ce n'est qu'en passant,
A travers tes jours,
C'est à travers toi
Que tu partiras.

Chanson

Apporte au crépuscule
Quelques herbes d'ici.
Quand le soleil bascule
Dis-lui, dis-lui merci.

Tends-lui la renoncule
Et le brin de persil.
Les choses minuscules
Il les connaît aussi.

Chanson

En descendant dans mon jardin
J'y ai trouvé des assassins.

C'était bandits de grand ravage
Qui n'avaient plus aucun courage.

Ils ont tué dans le pays
Pour le plaisir, pour l'ennemi.

C'était bandits aux yeux pâlis,
A genoux pour pleurer merci.

J'eus grand dégoût des assassins
Et je m'en fus de mon jardin.

Mais lorsque j'eus le dos tourné,
Ils ont tiré, ils m'ont blessé.

Morbihan

Ce qui fut fait à ceux des miens,
Qui fut exigé de leurs mains,
Du dos cassé, des reins vrillés,

Vieille à trente ans, morte à vingt ans,
Quand le regard avait pour âge
L'âge qu'on a pour vivre clair,

Ce qui fut fait à ceux des miens,
Pas de terre assez pour manger,
Pas de temps assez pour chanter

Et c'est la terre ou c'est la mer,
Le travail qui n'est pas pour soi,
La maison qui n'est pas pour toi,

Quatorze pour les rassembler,
L'armistice pour les pleurer,
L'alcool vendu pour les calmer,

Un peu d'amour pour commencer,
Quelques années pour s'étonner,
Quelques années pour supporter,

Je ne peux pas le pardonner.

ÉLÉGIE

Il y eut les violettes
Dont tu me fis l'honneur

Et celles qui venaient
Dans le hasard des bois,

Qui voulaient m'amener
Au pays d'où venait
La puissance de tes violettes.

*

Lorsque nous tremblions
L'un contre l'autre dans le bois
Au bord du ruisseau,

Lorsque nos corps
Devenaient à nous,

Lorsque chacun de nous
S'appartenait dans l'autre
Et qu'ensemble nous avancions,

C'était alors aussi
La teneur du printemps

Qui passait dans nos corps
Et qui se connaissait.

★

La tendre terre humide
Où venaient les violettes,

Comme elle était pareille
A ce que nous portions.

★

Quand nos doigts emmêlés
Nous apportaient le monde
Et nous le confiaient
Pour notre éternité,

Nous n'avons pas forfait,
Tu le sais, mais tremblé,
Car l'espace attendait
De toute éternité.

★

Je t'ai portée en terre
Sur mes bras fatigués.

Je croyais à l'époque
Qu'ensemble nous allions
Vers une éternité

Et que tu me voyais
Te porter sur mes bras
Vers cette éternité.

*

A l'orée d'un grand bois,
Quand le soleil venait
Me parler autrement
De ce que nous étions,

Étendre devant moi
La verdure et les terres,

Qu'est-ce que tu voulais
Que je fasse de moi?

*

Je serais descendu
Jusqu'aux lointains rivages
Où l'on parque les morts,

Je serais descendu
Au creux des profondeurs
Pour être même une ombre
A côté de ton ombre,

Mais la terre est opaque
Et ne connaît les morts
Que pour les envahir.

*

Je t'ai cherchée

Dans tous les regards
Et dans l'absence de regards,

Dans toutes les robes dans le vent,
Dans toutes les eaux qui se sont gardées,
Dans le frôlement des mains,

Dans les couleurs des couchants,
Dans les mêmes violettes,
Dans les ombres sous tous les hêtres,

Dans mes moments qui ne servaient à rien,
Dans le temps possédé,
Dans l'horreur d'être là,

Dans l'espoir toujours
Que rien n'est sans toi,

Dans la terre qui monte
Pour le baiser définitif,

Dans un tremblement
Où ce n'est pas vrai
Que tu n'y es pas.

Je t'ai cherchée
Dans la rosée abandonnée.

Dans le noisetier qui garde un secret
Prêt à s'échapper,

Dans le ruisseau,
Il se souvient.

Dans le bêlement des chevreaux de lait,
Dans les feuilles des haies,
Presque pareilles aux nôtres,

Dans les cris du lointain coucou,
Dans les sous-bois qui vont
Où nous voulions aller.

Je t'ai cherchée dans les endroits
Où la verticale
Voudrait s'allonger.

Je t'ai cherchée là
Où rien n'interroge.
J'ai cherché ces lieux.

Je t'ai cherchée
Dans le chant du merle
Qui dit le passé parmi l'avenir,
Dans l'espace qu'il veut bâtir.

Dans la lumière et les roseaux
Près des étangs où rien ne s'oublie.

C'est dans mes joies
Que je t'ai trouvée.

Ensemble nous avons
Fait s'épaissir le soir

Et dorloté des corps
Impatients de servir.

*

J'ai appris qu'une morte
Soustraite, évanouie,
Peut devenir soleil.

JE T'ÉCRIS

Je t'écris d'un pays où il fait noir
Et ce n'est pas la nuit.

Je t'écris
Parce qu'il fait noir.

Je t'écris sur le mur
Qui est au fond du noir.

★

Il y a le noir puisqu'il me fait t'écrire.
Il y a un mur puisque j'écris dessus
Et c'est pour toi.

Je ne sais pas ce qu'est ce noir,
Je suis dedans.

Je t'écris sur un mur au fond du noir.

*

Je sais que dehors
Il ne fait pas noir.

*

Le plus souvent le mur est droit,
Mais je crois qu'il s'incurve.

Lorsque je dis
Qu'il est au fond du noir,
C'est pour me rassurer.

J'écris sur lui
Pour que ce soit utile.

*

Si jamais tu lis sur ce mur
Ce que j'écris pour toi,

Tu sauras peut-être
Où j'étais parqué.

*

Mais pourtant si c'était
Sur ton mur que j'écris,
Sur le mur au fond
Du noir où tu es

Et tu ne saurais pas
Que j'y écris pour toi?

★

Je te sais, soleil,
Je vous sais, pommiers.

Je connais l'étrange
Variété du noir
Qui a nom lumière.

De son royaume j'ai tremblé.

★

Je n'ai pas d'horizon
Au-delà de ce mur
Sur lequel je t'écris.

Je n'écrirai pas plus
Que je ne peux savoir.

★

J'écris la vérité que supporte le mur
Au fond du noir.

★

Dehors il y aurait un autre champ d'action,
La trompette où souffler le jour plus fort que lui,
Comme souffle un seul feu à nu dans les chemins,

Quand midi vient éperonner
Toute la terre permanente.

Mais, dehors, où t'écrire
A défaut de ce mur?

*

Dehors, mais je ne saurais plus
A qui j'écris.

Et que sera, dehors,
Dans le feu et le vent,
Celui qui doit t'écrire?

*

A moins qu'un jour —
Est-ce que ce sera le jour? —
Nous sachions être ensemble, je le veux,
Pour le dehors et pour le noir.

En notre honneur alors
Brûleront de lumière,
Mais à notre mesure,
Les pommiers, les rivières.

Alors je t'écrirai sur ce que tu verras
Flamboyer de tendresse,
Sur toutes choses autour de nous
Dans le dehors et dans le noir.

109

Je n'aurai plus besoin
De chercher à t'écrire
Sur le mur introuvable
Où j'écris maintenant.

★

Qu'importe après cela
Qu'il reste encore du noir
Dans la grande lumière,
Au fond de la lumière,

Puisque tu seras là
Pour tâtonner ensemble

Et que je t'écrirai
Avec mes lèvres sur ton corps.

★

En attendant j'écris
Sur le mur qui doit être au fond du noir :

« Je bénis tes genoux,
« Je pense au jour
« Où sous mes mains ils trembleront
« Comme font les feuillages
« Avec moins de raison. »

★

Et nous irions
Vers la lumière guérissable.

EN CAUSE

à Jacqueline.

Où être bien? La plainte
Est toujours là qui monte,

Comme si de monter
Lui donnait quelque sens.

☆

Encore heureux
Qui peut trouver la porte
Et pleurer devant elle.

☆

Et tu tâtais la lande
Et vu voulais crier.

Mais tu n'as jamais cru
Que crier pût servir

Quand c'était dans l'espace
Horriblement vacant.

☆

Tu voulais contourner
Les murs et la maison,

Y entrer déposer
La charge de tes jours.

☆

Jamais tu n'as maudit
Les pleurs et le sanglot.

Ils simplifient le monde.

☆

Seul. Qui dit : seul?

Qui m'accable d'un mot
À couleur de malédiction?

Ne confonds pas.

Celui qui s'en va seul
Porte avec lui les autres,

Désespère pour eux
D'espérer avec eux.

☆

Celui qui s'en va seul
Cherche pour beaucoup d'autres.

Peut-être il a rêvé
De pouvoir aller seul,

Sans avoir à porter jusqu'à ceux-là
Qui le maudissent d'aller seul.

☆

Sage peut-être
Qui a trouvé la grotte

Heureuse d'être un creux
Profond dans la pénombre.

☆

Venir et s'attendrir
Sur un morceau de viande
Saignant encore à peine,

Criant plus fort la nuit
Que ne le fait la nuit

Et criant autre chose, encore,
De difficile à situer.

☆

Lorsque je suis venu
Te prendre par la main,

Ce n'était pas par jeu,
Ni pour t'arraisonner.

C'était pour arriver
Au vrai point de départ.

☆

Et nous sommes partis,

Baptisant l'avenir
De nos dernières larmes.

☆

La rose dans nos jours
Jetée, agonisante.

☆

De nul secours alors
Furent les arbres,

Le ciel aussi
Et les histoires.

C'est toutes les pierres
Qu'il aurait fallu

Et frapper, frapper,
En tenant les pierres.

☆

Il viendrait, le moment
Plus haut que la revanche.

☆

A genoux dans la pierre
Nous avons entendu

Cogner sur les parois
D'autres supplications.

☆

Pleurant contre la vitre
Et peut-être la même,

Car de l'autre côté,
Ce serait là.

☆

Le malheur peut venir
Du souvenir d'un Dieu
Par honte rejeté.

☆

Quelle douceur c'était,
Ces amours qui naissaient
Aux tournants du sommeil.

Mais les bêtes veillaient,
Regardaient et prenaient.

☆

Un trou avec de l'eau
Qui bougeait sans bouger,
Qui attaquait encore,
Qui t'attaquait, toujours —

Pour quoi faire avec toi?

☆

Plaine telle un sanglot
Qui s'étrangle et se cache,

Champ de blé supportant
Les jeux de l'alouette,

Est-ce en vous cette attente
Ou dans celui qui vous regarde?

☆

Tu ne pleurerais pas
Si tu ne voulais vivre

D'amour pour cette terre
Qui te donne de vivre.

Tu n'as rien dérobé
Que ce que l'on peut prendre sans rougir.

Tu te cachais pourtant
D'être le seul à en vouloir,

Pour l'habiter longtemps,
Pour l'habiter d'amour.

Ce que tu voyais

Ne s'offrait jamais,
Ne conseillait pas.

Il disait pourtant
Qu'il y a besoin.

Le feu,
Pas le feu.

L'espace,
Pas l'espace.

Les jeux,
Pas les jeux.

Les rêves,
Pas les rêves.

Les hommes,
Pas les hommes.

☆

Il fallait revenir
A la nuit,
Aux lumières,

A l'inflexible fleuve,
A ses eaux mécontentes,
A la nécessité.

Et qui dans le grand noir
S'associerait à toi
Pour ne pas s'en aller,

Pour chanter au plus près
De ce qui veut rester?

☆

D'où sommes-nous sortis

Pour avoir ces visages
A faire peine au jour?

☆

La pervenche avait des racines
Quand tu l'arrachas pour la prendre

Et tu l'as portée contre toi,
Regardant à la dérobée

Pourquoi la fleur qui t'interroge,
Pourquoi la fleur qui te confond.

☆

La campagne est pleine
De sommeil pour d'autres,

D'espèces de sanglots
Qui viennent vers les portes.

☆

Droite et sur l'horizon plus grave qu'un bosquet,
La maison est abandonnée,

Qui ne peut être que malaise
Et qui s'en veut.

Il fallait donc que tu attaques,
A tout hasard.

☆

Bien sûr, la lampe et le repos,
Le bon travail et le repos

☆

La terre est sous nos pieds,
Solide, indifférente,
Heureusement.

☆

En revenant des longs parcours,
De la campagne interrogeante,

La soupe affectueuse,
Les mets intelligents

Établissaient avec la terre
Des rapports à notre mesure.

☆

La terre, notre assise,
Moins fragile que nous,

Qui nous aura permis
Les tablées fraternelles

Où nous avons goûté
Aux raisons de la terre.

☆

Le rouge-gorge aussi
Rêvait d'autres saisons

Dont il ne savait rien
Que l'exigence
Contre le froid, contre le gel.

☆

Le chant
Peut être du silence.

Il est silence
Entouré des sanglots

Que fait le temps
Contre lui-même.

☆

L'éternité
Ne fut jamais perdue.

Ce qui nous a manqué
Fut plutôt de savoir

La traduire en journées,
En ciels, en paysages,

En paroles pour d'autres,
En gestes vérifiables.

Mais la garder pour nous
N'était pas difficile

Et les moments étaient présents
Où nous paraissait clair
Que nous étions l'éternité.

☆

Le merle aussi
Peut avoir froid.

Il n'est plus qu'un oiseau
Conduit par son attente.

Il erre comme un autre,
Il a perdu le centre.

Quand le chant n'est plus là,
L'espace est sans passion.

☆

Autour du tilleul,
Près de la pervenche,

Dans l'air qui s'émeut
D'être à leurs côtés,

Il doit y avoir un chemin
Pour aller vers eux,
Les accompagner.

☆

C'est au-dessous
Pour les secrets,
Les rendez-vous,
Les réservoirs,

Pour un espace
Aux dimensions de la bonté.

☆

Ce n'est pas un malheur
De se savoir en cause

Et non plus de savoir
Le nombre des vivants
Pareillement en proie.

☆

Comme font sous le vent
Les grandes graminées.

☆

Le buis tout accordé
A ce qui le maintient
De buis irréductible.

Et toujours ce qui vient
Faire trembler le buis.

☆

Accueille encore,
Recueille encore.

Tout s'oubliera,
Sauf cette attente
Qui fut comblée.

☆

Du temps pourra venir
Pour occuper la sphère

Pleine de tous les temps
Vécus, accumulés,

Et de ce temps tenu
Au moment que tu parles.

Du temps vient dans la sphère
Pleine de tous les temps,

Qui chante leur silence
Et se tait dans leur chant.

☆

Si hauts furent des jours
Comme de longs moments
Quadrillés dans l'espace,

Si hauts l'amour venu,
La tendresse, le don,

Si haut chanté le chant
Lorsqu'avec nous chantaient
Les murs et la fenêtre,
Les brindilles des bois,
La pierre des rochers,
Le fer et le sodium,
L'eau de toutes les sources
Et l'horizon lui-même,

Tant fut chanté le chant
Des grillons morts de joie,

Si haut fut le silence
Où le chant s'écoutait,

Que nous avons touché
Le dernier des plafonds —

Ou c'était quoi?

☆

Ce n'est pas sans raison
Que nous avons tremblé
Devant la moindre flamme,

Que, devant la bougie,
Devant le feu de bois,
Nos mains se recherchaient,

Sans savoir si c'était
Pour célébrer,
Pour conjurer.

☆

Puisque furent atteints
Les degrés du possible,

Il nous fallait encore
Essayer au-delà.

Et c'est peut-être alors
Que nous fut pardonné

Le crime de bonheur.

☆

D'autres que nous viendront,

Plus patients, plus têtus,
Plus forts ou plus habiles.

Ils auront su ravir
Davantage à la terre.

Ils auront pour appui
Le chant qui fut chanté

Lorsque c'était à nous.

L'assemblée des vivants,
La fête quelque part,
La plus haute avec toi,

Ou la lande et le vide.

Et toujours, n'importe où,
Ce violon qui joue.

Le violon que joue le rien,
Jusque dans tout,
Est un défi trop étalé.

Va contre lui,
Chante avec lui, englobe-le.

Fais-le te colorer
Le vide sur la lande.

Regarde-la vibrer
De vos chants accouplés.

☆

Apprends les granges
Plus longuement encore.

Vois que ce sont des grottes
Immigrées dans nos terres.

Apprends, toute une vie,
A peser leur lumière,

A contempler l'alliance
Du volume et de l'heure.

Comprends les délaissées
Qui viennent y cacher
Leur misère et des pleurs.

☆

Va, fleur,
Avance.

Tout veut s'ouvrir
Et même nous, ces hommes
Plus effrayés que toi,

Moins assurés que toi
De donner leur mesure.

Allons de pair,
Dépensons-nous.

☆

Je regardais la terre
A la fin d'un beau jour.

Il n'y avait
Presque pas de mystère

Au bien-être des labours.

Qu'est-ce que fait le chêne
Au long des chemins creux
Ou dans l'obscur du bois?

La cognée sera prête
Avant que tu sois prêt
Et faite avec ton bois.

L'hécatombe est dans l'air
A l'abri du silence.

☆

Nous les avons connus,
Qui portaient le massacre
Au plus bas du carnage,

Comme ferait un chien
Qui retrouve son ordre.

Mais ils ressemblaient trop
A ces bêtes qui viennent
Dans les songes des hommes.

Et leurs chants et leurs chants
Jusqu'au bord du carnage.

Ces bras qui sont des pinces
D'insectes sans sommeil

En marche vers les lieux
Où fouiller sur le vif.

Broyer jusqu'à ces gorges
Qui parodient le chant.

☆

Souviens-toi des foules en attente
Et de l'espoir trouvé,

De l'épaisseur commune
Où vous aviez racine,

De l'espace innocent
Où vous chantiez un chant
De glorieuses corolles

Que l'espace voulait
Porter vers d'autres jours.

☆

Sur la terre en travail
On travaille pour plus.

L'étoile pourra voir
En revenant d'ailleurs

Un peu moins de malheur
Dans l'espace des deuils.

☆

C'était souvent les noces
Quand même avec la terre,

Ce qu'elle doit porter,
Engloutir et donner.

C'était pour elle encore
Les larmes mal venues

Pendant le corps à corps
A n'en jamais finir
Qui sanctionnait des noces.

☆

Noces pour la lumière,
Pour tout le noir caché.

La terre pour la fête
Tremble de trop donner.

Tout se touche et s'affine,
Arrive dans le chant.

L'étendue se rassemble
Autour de notre vœu.

La lumière est donnée
Pour écouter le chant.

Merci pour nos journées
Qui ont la dimension

De la terre livrée
Aux profondeurs des noces.

☆

S'il y a temple,
Nous sommes le temple.

☆

Terre qui nous a faits
Ces errants que tu portes,

Incertains du local,
Incertains du parcours,

Pour savoir qui nous sommes,
Nous essayons le chant.

Et pour aller plus vite
Que ne grimpe la peur,

Cruels, nous t'imposons
Des lois qui sont tes lois,

Cruels et déchirés
Que ce soit du dehors.

☆

Terre, arrive le jour,
Quand nous te connaîtrons,

Où nous pourrons entrer
T'épouser, frissonnant

De voir s'ouvrir à nous
Des espèces de portes,

Des espèces de murs
Debout sous notre chant

Qui en sait plus que nous,
Qui sera notre loi.

☆

Ce qu'il fallait
Nous l'avons fait,
Plus ou moins bien,

Fleur, tous les deux.

Le long chemin
Nous a menés
Jusqu'aux confins.

Est-ce un adieu?

On a tenu.

Carnac

Mer au bord du néant,
Qui se mêle au néant,

Pour mieux savoir le ciel,
Les plages, les rochers,

Pour mieux les recevoir.

☆

Femme vêtue de peau
Qui façonnes nos mains,

Sans la mer dans tes yeux,
Sans ce goût de la mer que nous prenons en toi,

Tu n'excéderais pas
Le volume des chambres.

☆

La mer comme un néant
Qui se voudrait la mer,

Qui voudrait se donner
Des attributs terrestres

Et la force qu'elle a
Par référence au vent.

☆

J'ai joué sur la pierre
De mes regards et de mes doigts

Et mêlées à la mer,
S'en allant sur la mer,
Revenant par la mer,

J'ai cru à des réponses de la pierre.

☆

Ils ne sont pas tous dans la mer,
Au bord de la mer,
Les rochers.

Mais ceux qui sont au loin,
Égarés dans les terres,

Ont un ennui plus bas,
Presque au bord de l'aveu.

☆

Ne te fie pas au goémon : la mer
Y a cherché refuge contre soi,
Consistance et figure.

Pourrait s'y dérouler
Ce qu'enroula la mer.

☆

Ne jouerons-nous jamais
Ne serait-ce qu'une heure,
Rien que quelques minutes,
Océan solennel,

Sans que tu aies cet air
De t'occuper ailleurs?

☆

Je veux te préférer,
Incernable océan,

Les bassins que tu fais
Jusqu'aux marais salants.

Là je t'ai vu dormir
Avec d'autres remords.

☆

D'abord presque pareille
A celle du grand large,

De bassin en bassin
Ton eau devient épaisse

Et finit par nourrir
Des espèces de vert

Comme font nos fontaines.

☆

Là ça grouille dans toi,
Mais au moins je le vois.

☆

Depuis ton ouverture
Sur les rochers de Por en Dro
Vers le grand large et l'horizon,

Je t'ai prise à rebours
Jusqu'aux marais salants

Où je ne savais pas si je devais pleurer
De n'avoir plus de toi que ces tas de sel blanc.

☆

Avant que tu sois là,
Collant à la saline,

Je t'ai vue bien souvent,
Cernée dans les bassins,

Rendre au soleil couchant
L'hommage des eaux calmes.

☆

Mais tu sais trop qu'on te préfère,
Que ceux qui t'ont quittée

Te trouvent dans les blés,
Te recherchent dans l'herbe,
T'écoutent dans la pierre,
Insaisissable.

☆

Tu regardes la mer
Et lui cherches des yeux.

Tu regardes des yeux
Et tu y vois la mer.

☆

A Carnac, derrière la mer,
La mort nous touche et se respire
Jusque dans les figuiers.

Ils sont dans l'air,
Les ossements.

Le cimetière et les dolmens
Sont apaisants.

☆

Mer sans vieillesse,
Sans plaie à refermer,
Sans ventre apparemment.

☆

Église de Carnac
Qui est comme un rocher
Que l'on aurait creusé

Et meublé de façon
A n'y avoir plus peur.

☆

Il y avait de pauvres maisons
Et de pauvres gens.

Le temps
Pouvait n'être pas
Celui des vivants.

☆

Les gens y étaient comme des menhirs,
Ils étaient là depuis longtemps.

Ils n'allaient pas regarder la mer,
Ils écoutaient.

☆

De la mer aux menhirs,
Des menhirs à la mer,

La même route avec deux vents contraires
Et celui de la mer
Plein du meurtre de l'autre.

☆

Derrière les menhirs
Encore un autre vent
Sur des bois et des champs.

La terre et moins de sable,
C'est vert et c'est épais.

C'est de ce pays-là
Peut-être que la mer
Était un œil ouvert.

Ça se ressemble peu
Tout un corps et son œil.

☆

Tu es pour quelque chose
Dans la notion de Dieu,

Eau qui n'es plus de l'eau,
Puissance dépourvue de mains et d'instruments,

Pesanteur sans emploi
Pour qui le temps n'est pas.

☆

Souvent pour t'occuper
Tu viens nous appeler
Vers la paix dans ton creux.

☆

A ruminer tes fonds
Tu les surveilles mal,

Ou peut-être tu pousses
Ces monstres qui pénètrent
Dans le lieu de nos cauchemars.

☆

Soyons justes : sans toi
Que nous serait l'espace
Et que seraient les rocs ?

☆

Ta peur de n'être pas
Te fait copier les bêtes

Et ta peur de rater
Les mouvements des bêtes,
Leurs alarmes, leurs cris,
Te les fait agrandir.

Quelquefois tu mugis
Comme aucune d'entre elles

☆

Entre le bourg et la plage,
Il y avait sur la droite une **fontaine**

Qui n'en finissait pas
De remonter le temps.

☆

La fille qui viendrait
Serait la mer aussi,
La mer parmi la terre.

Le jour serait bonté,
L'espace et nous complices.

Nous apprendrions
A ne pas toujours partir.

☆

Nous aurions la puissance
Et celle de n'en pas user.

Nous serions pleins
De notre avoir.

☆

Présence alors jamais trop lourde
De vous autour de nous
A composer le monde,

Puisque le temps se tient
Aux dimensions de notre avoir.

Elle avait un visage
Comme sont les visages
Ouverts et refermés
Sur le calme du monde.

Dans ses yeux j'assistais
Aux profondeurs de l'océan, à ses efforts
Vers la lumière supportable.

Elle avait un sourire égal au goéland.
Il m'englobait.

☆

En elle s'affrontaient les rêves
Des pierres des murets,
Des herbes coléreuses,
Des reflets sur la mer,
Des troupeaux dans la lande.

Ils faisaient autour d'elle un tremblement
Comme le lichen
Sur les dolmens et les menhirs.

Elle vivait dessous,
M'appelait, s'appuyait
Sur ce que l'un à l'autre nous donnions.

Nos jours étaient fatals et gais.

☆

Ce qui fait que la morte est morte
Et moi vivant,

Ce qui fait que la morte
Se tient plus loin qu'auparavant,

Océan, tu te poses
Des questions de ce genre.

☆

Quand je ne pensais pas à toi,
Quand je te regardais sans vouloir te chercher,

Quand j'étais sur tes bords
Ou quand j'étais dans toi,
Sans plus me souvenir de ta totalité,

J'étais bien,
Quelquefois.

☆

Bleu des jacinthes,
Bleu des profondeurs,

Il vient d'un feu faiseur de rouge
Qui tourne au violet puis au bleu.

Il est dans la terre,
Il nous cherche.

La mer
Peut l'ignorer.

☆

Nous n'avons de rivage, en vérité,
Ni toi ni moi.

☆

Écoute ce que fait
La poudre en explosant.

Écoute ce que fait
Le fragile violon.

☆

Pas besoin de rire aussi fort,
De te moquer si fort
De moi contre le roc.

De toi je parle à peine,
Je parle autour de toi,

Pour t'épouser quand même
En traversant les mots.

☆

Je sais qu'il y a d'autres mers,
Mer du pêcheur,
Mer des navigateurs,
Mer des marins de guerre,
Mer de ceux qui veulent y mourir.

Je ne suis pas un dictionnaire,
Je parle de nous deux

Et quand je dis la mer,
C'est toujours à Carnac.

☆

Nulle part comme à Carnac,
Le ciel n'est à la terre,
Ne fait monde avec elle

Pour former comme un lieu
Plutôt lointain de tout
Qui s'avance au-dessous du temps.

☆

Le vent vient de plus bas,
Des dessous du pays.

Le vent est la pensée
Du pays qui se pense
A longueur de sa verticale.

Il vient le vérifier, l'éprouver, l'exhorter,
A tenir comme il fait

Contre un néant diffus
Tapi dans l'océan
Qui demande à venir.

☆

A Carnac d'autres vents
Font semblant d'apporter
Des souffles de vivants
Mais ne sont que passants.

☆

Les herbes de Carnac
Sur les bords du chemin
Sont herbes d'épopée
Que le repos ne réduit pas.

☆

Du milieu des menhirs
Le monde a l'air

De partir de là,
D'y revenir.

La lumière y est bien,
Pardonne.

Le ciel
A trouvé sa place.

☆

Fermes à l'écart, hameaux,
Dans vos pins,
Dans vos chemins,

Vous n'êtes pas tout à fait sûrs
De votre assise.

Le silence
Est obligatoire.

☆

Dans les terres,
Bien souvent,

La misère
Est au gris fixe.

☆

Besoin d'un départ
Marquant les hameaux et les fermes

Vers la vie, davantage de vie,
Vers la mort.

Tremblement tous les jours
Entre les deux.

☆

Sur la route de la plage, la fontaine
Était là comme venue d'ailleurs,
Mal habituée

— Ou c'était le reste.

☆

Parfois il y avait au large
Des lézards gris dormant
Sous une longue fumée.

La vue de l'escadre
Faisait du pays de Carnac
Un verre de lampe qui peut être cogné.

☆

Avoue, soleil :
C'est toi l'étendue.

Avec de la mer,
Ça te réussit.

Tu sais comme on peut
Apporter du vague
Au milieu du net
Et la mer s'y prête.

☆

Sans toi d'ailleurs, soleil,
La mer serait encore
Cognant à l'infini,
Mais alors dans ce noir

Qu'on suspecte la mer
De vouloir devenir

Quand tu es là,
Soleil.

Amis, ennemis,
Le soleil, la mer,

Fatigués l'un de l'autre, habitués,
Mais décidés soudain

A dépasser enfin l'extrême du désir
Qu'ils savent, chacun d'eux,
Pouvoir atteindre sans se perdre au sein de
[l'autre.

Décidés à savoir
Ce qu'ils seront alors

Si la chose arrive
Que l'autre les prenne.

☆

Soleil sur la mer,
Silence, un point fixe

Auquel vous tendez
Le soleil, la mer —

Et l'air qui se perd
A vous distinguer!

164

☆

Le soleil, la mer,
Lequel de vous deux
Prétend calmer l'autre,

Au moyen de quoi?

☆

Vous voulez vous battre
Et vous n'arrivez à vous rencontrer
Que pour vous frôler.

☆

Au moins tu sais, toi, océan,
Qu'il est inutile
De rêver ta fin.

☆

Oui, je t'ai vue sauvage, hors de ta possession,
Devant endosser les assauts du vent.

Je t'ai vue bafouée, recherchant ta vengeance
Et la faisant porter sur d'autres que le vent.

Mais je parle de toi quand tu n'es que
                                    [toi-même,
Sans pouvoir que d'absorber.

☆

« Désossée », « dégraissée »,
Ce sont des voix.

« Décolorée »,
« Grise, grise, grise »,
C'est une autre voix.

Elles t'en veulent, ces voix,
Elles sont dans le vent, dans le soleil,
Dans ta couleur, dans ta masse.

☆

C'est bon, n'est-ce pas?
De lécher le pied des rochers,
Ça te change de toi.

☆

Sur la plage et les terres
Le soleil se rattrape.

Là il est maître et là
Ce n'est pas lui qu'il voit
Autant que dans la mer.

Là, il se voit le père.

☆

A Carnac, le linge qui sèche
Sur les ajoncs et sur les cordes

Retient le plus joyeux
Du soleil et du vent.

Appel peut-être
A la musique.

☆

Il y a dans les cours de fermes
Du purin qui ne s'en va pas

Et c'est pour leur donner
De l'épaisseur terrestre.

☆

Que dis-tu de ce bleu
Que tu deviens sur les atlas?

As-tu parfois rêvé
De ressembler à ça?

☆

On ne peut pas te boire,
Tu refuses nos corps.

Mais on te touche
Un peu.

On a ton goût surtout
Et ton odeur qui fait
S'agrandir la distance

Et parfois s'engouffrer
Dans le temps de tes origines.

☆

Tu peux être fraîche
Et douce à la peau
Dans les jours d'été,

Mais tu ne parles pas
Des souvenirs communs d'il y a quelque temps,
Comme fait la source.

☆

On peut plonger en toi.

Tu l'acceptes très bien,
Même tu le demandes.

Mais ce n'est que toucher
Un passé légendaire
Qui s'oublie dans ta masse

Dont tu parais absente.

☆

Cet homme que tu prends,
Tu en as bientôt fait,
Au bout de quelques mètres,
Un objet simple et blanc

Qui n'a pour avenir
Que d'être plus défait

Au rythme régulier
De la tranquille exécution de tes sentences.

☆

Prise entre des rochers
Au cours de la marée,
Tu t'y plais, on dirait.

Douce, douce, caressante —
Et c'est peut-être vrai.

☆

Ils n'ont pas l'air de te comprendre,
Ceux qui vivent dans toi,
Ceux qui sont faits de toi,
Ces poissons, ces crevettes.

☆

Il me semble pourtant
Qu'à bien les regarder,
Les toucher, les manger,

Ils nous disent de toi
Ce qu'on ne saurait pas,

Qu'ils nous disent surtout
Ce que tu sens de toi.

☆

Tu n'as pour te couvrir
Que le ciel évasé,

Les nuages sans poids
Que du vent fait changer.

Tu rêvais de bien plus,
Tu rêvais plus précis.

✩

Toujours les mêmes terres
A caresser toujours.

Jamais un corps nouveau
Pour t'essayer à lui.

✩

L'insidieux est notre passé,
Chargé sur nous de représailles.

Pourquoi faut-il que l'on t'y trouve,
Océan, accumulation?

✩

Quand tu reçois la pluie
Reconnais-tu ta fille?

Exilée, revenue,
Ignorant son histoire,

Qui croit qu'elle te frappe
Ou peut-être t'apaise.

Contre le soleil
Tu as voulu t'unir,

Mais avec quoi,
Sauf avec lui?

Si l'espace une fois
Brûlait en rouge et bleu
Mais plus loin, sur la terre,

Ce serait ta fête.

Tu pourrais être douce, après.

Tu ne changeras pas au cours des ans,
Même si tu en rêves à coups de vagues.

Mais pour moi d'autres jours
Pourraient venir de mon vivant.

Ce sera comme un cercle
Qui se réveille droite,

Une équation montée
Dans l'ordre des degrés,

D'autres géométries
Pour vivre la lumière.

Alors, que seras-tu pour moi?
Que dirons-nous?

☆

Alors, j'irai
Vers le total moi-même.

Ma paix sera plus grande
Et voudra te gagner.

☆

Les profondeurs, nous les cherchons,
Est-ce les tiennes?

Les nôtres ont pouvoir de flamme.

174

⭑

Même assis sur la terre
Et regardant la terre,

Il n'est pas si facile
De garder sa raison
Des assauts de la mer.

⭑

En somme, avec toi,
Qu'on soit sur tes bords,
Qu'on te voie de loin

Ou qu'on soit entré
Te faire une cour
Que la courbe impose
Où sont le soleil, le ciel et le sol,

N'importe où qu'on soit,
On est à la porte.

⭑

On est à la porte,
On a l'habitude,
On ne s'y fait pas.

✩

A la porte de l'océan
Et parlant, parlant.

Le difficile,
C'est d'être lui

Et si tu l'étais
C'est de rester toi,

Assez pour savoir
Que tu es les deux

Et pour en crier.

✩

Cogne, cogne, cogne,
Puisque ça t'occupe

Et puisque pour nous
Le spectacle est grand.

On comprend bien
Que ça t'obsède

D'être un jour dressée
A la verticale
Au-dessus des terres.

On comprend bien.

Tu rêves des rochers
Pour t'en faire un squelette.

Continue, continue,
Flatte-les de tes vagues

Et reste invertébrée.

Beaucoup d'hommes sont venus,
Sont restés. Terre d'ossements,
Poussière d'ossements.

Il y avait donc
L'appel de Carnac.

Comment chantaient-ils,
Ceux des menhirs?

Peut-être est-ce là
Qu'ils avaient moins peur.

Centre du ciel et de la mer,
De la terre aussi,
La lumière le dit.

Chantant, eux,
Pas loin de la mer,
Pour être admis par la lumière.

Regardant la mer,
Lui tournant le dos,
Implorant la terre.

☆

Il arrive qu'un pin
Du haut de la falaise
Te regarde et frissonne
Tant que dure le jour.

☆

Il y a des moments
Où l'on peut s'endormir
Même tout près de toi
Sans te manquer d'égard.

Ce sont peut-être ceux
Qu'un grand calme t'inflige,

Quand tu as fait tes comptes
Et les as trouvés bons.

Il arrive à chacun,
Même à toi, forcenée,
D'être content de soi.

☆

Calme, calme et contente
D'avoir fait ton bilan.

Horizontale et l'acceptant,
Le temps que tu savoures
Les postes de l'actif.

☆

Le désert et toi —
C'est le sable.

La montagne et toi, la haute montagne,
C'est le vent.

Mais dans le désert,
Dans le vent sur la montagne,

Elle n'y est pas,
Ta volonté.

☆

Ruminant, toi,
Rabâchant, rabâchant,

Quand les coquelicots
Ne parlaient que de vivre.

☆

Pas délicate,
Pas difficile,
Pas assez femme.

Tu prends tout,
Parfois tu rejettes.

☆

Sans corps,
Mais épaisse.

Sans ventre,
Mais molle.

Sans oreilles,
Mais parlant fort.

Sans peau,
Mais tremblante.

☆

Pour garder tes nuits,
As-tu supplié
Parfois les rochers?

☆

Si vaste, si lourde
Et si limitée.

Un peu de sable
Que tu remues.

Il te faut longtemps
Pour bien peu de chose.

☆

On dirait que ça te répugne
De mouiller ce que tu touches.

Comme si c'était
Te donner trop.

☆

Allez donc! Allez!
Trêve de nos pointes.

Paix sur toi, la grande,
Et paix sur nous.

On ne se dit rien,
On s'ignore, on va
Chacun dans sa loi.

Tu veux qu'on essaye
En feignant de croire
Que ce soit possible?

☆

Trop large
Pour être chevauchée.

Trop large
Pour être étreinte.

Et flasque.

☆

Je te baptise
Du goût de la pierre de Carnac,
Du goût de la bruyère et de la coquille d'escargot,
Du goût de l'humus un peu mouillé.

Je te baptise
Du goût de la bougie qui brûle,
Du goût du lait cru,
Du goût différent de plusieurs jeunes filles,
Du goût de la pomme verte et de la pomme très
[mûre.

Je te baptise
Du goût du fer qui commence à rouiller,
Du goût d'une bouche et d'une langue avides,
Du goût de la peau que tu n'as pas salée,
Du goût des bourgeons, des jeunes girolles.

— C'est sans effet sur toi, oui.
C'était pour moi.

☆

Balayure de roses,
Corne de chèvrefeuille,
Galet d'églantine,
Pépin de joue pâle,
Rayons de vin,
Sourires de viscère,
Éperons d'étoupe,
Éclairs de marbre,

Ça ne te dit rien, n'est-ce pas?
Ça n'a pas de rapports avec toi?

184

Pas moins d'ailleurs
Que les autres choses
Que je dis de toi?

Je crois que si.

☆

Ne t'énerve pas, ne te laisse **pas**
Noyauter, vider,
Seconde après seconde.

Prends ces moments
L'un après l'autre. Épuise-les.
Fais-toi. Fais
Ton contentement.

Ou crie et souffre, crie,
Mais pas ce creux
Qui prend du volume.

Comprends que je sais.

☆

Pas plus seul qu'un autre
Au sein de ta masse,
Devant ta masse,
Pas plus veuf qu'un autre,

Mais sans programme,
Sans ouvrage.

☆

Pas absente du vent
Quand le vent se dépasse

Et fait autour de nous
Un creux pareil au tien.

Pas absente du vent —
Ou c'est ton souvenir.

☆

Infatigable, fatiguée —

Mais quelle est l'épithète
Qui ne te conviendrait?

Ton père :
Le silence.

Ton devoir :
Le mouvement.

Ton refus :
La brume.

Tes rêves.

☆

Toi, sans abri
Contre le vent, bien sûr,
Et contre le soleil
Qui affûte les heures,

Sans rien pour te voiler
La procession des astres
Et leurs cérémonies
De longue adoration.

☆

Sous nos pieds la terre,
Comme si de rien n'était.

Toi, l'indifférence
Ne t'est pas donnée.

☆

Je suis des tiens, va !

Tout bien pesé,
Tout bien aimé,
Tout bien maudit,

Je suis des tiens.

☆

Il s'est passé quelque chose à Carnac,
Il y a longtemps.

Quelque chose qui compte
Et tu dis, lumière,

Qu'il y a lieu
D'en être fier.

☆

Maisons blanches, vous de Carnac,
A tendre votre chaux contre qui veut dormir,

Vous la fin de la terre
Et la fin de la mer,

Où le soleil enfin
Ne peut plus s'étaler,

Mais cogne, mer,
Comme tu fais.

☆

Autant que les maisons,
Les gens s'abandonnaient.

Il y avait parfois tant de vent
Que le temps n'était pas pesant.

Mais le vent
Camouflait le temps.

☆

Si par hasard tu crois à la valeur des sons
Tu dois bien frissonner
A ce seul nom de mer.

☆

Puissante par moments
De force ramassée
Comme pour un travail,

Claquant contre le roc
Et tombant lourdement,

Quelquefois projetée
Comme un vomissement.

☆

Pardonne-moi si le caillou
Ramassé dans un coin de terre,

Même sur un sentier
Piétiné, harassé,

Me parle plus
Que tes galets, parfois.

☆

Crois-tu qu'il t'aime, le sable,
Qui sans toi serait debout
Dans le roc qui te domine,

Alors qu'il te sert de lieu
Où tu viens te promener?

☆

Entre la mer et la terre
Cultivée, arrangée,

La lande fait la transition
Et plaide pour ne pas choisir.

☆

Tu devrais être la première
A comprendre et savoir
Que l'on aime la terre,

Que l'on peut préférer
Y vivre loin de toi.

✰

Le vent, le sable et toi
Aviez des rendez-vous

Dont vous faisiez semblant
De parler en passant.

✰

Il y a des milliers d'années
Que les menhirs te tiennent tête
Et à ce vent que tu leur jettes.

✰

Remue, dors ou remue,
L'horloge va sa loi,

Plus parente de toi
Que l'horloge ne croit.

☆

Vraisemblablement,
Sans toi, l'océan,

Ils n'auraient rien fait à Carnac,
Ceux des menhirs.

☆

Je me suis souvent demandé
Ce que tu pensais des couleurs.

Je sens que la question te gêne,
Mais remarque :

Jamais l'idée ne m'est venue
De la poser à l'hortensia.

☆

Si tu pouvais nous dire
Au moins sur le passage
Du gris glauque au bleu vert.

C'est qu'on n'y comprend guère
A seulement te regarder.

Il faudrait être ton amant.

☆

Il y a des hommes
Qui ne voient en toi que la nourricière.

Je les envie peut-être,
Car j'aime aussi
Prendre un crabe qui court
Ou sortir des poissons,

Mais j'ai bien un peu peur
Que ce que j'aime alors
Soit de l'ordre de la revanche.

☆

Quand tu parais dormir,
Vaincue par le soleil,
Ta fatigue ou les songes,

Alors le goéland
Crie durement pour toi.

☆

Ne va pas croire
Que le spectacle que tu donnes
Soit toujours suffisant.

On peut être assis sur tes bords,
Vivre tes vagues, la marée,

Regarder le complot
Que vous mettez au point,
Toi, l'air et l'horizon,

Déplorer que jamais
Tu ne sois là t'ouvrant,
Montrant tes profondeurs,

Et ne pas toujours
Être intéressé.

☆

Je te parle et je suis
Obligé de le faire.

Je te parle et je fais
Comme si quelquefois
Tu m'entendais parler.

Je te parle et dis-moi
Si tu comprends pourquoi.

☆

Alignés, les menhirs,
Comme si d'être en ligne
Devait donner des droits.

☆

En imploration
Comme les étoiles par tant de nuits
Sont souvent les menhirs

Et la lune les fait
S'enquérir d'autres mondes,

Alors qu'au moins toi
On ne dirait pas.

☆

Sois ici remerciée
De n'être pas pareille à nous

Dont le rêve est toujours
D'être réconciliés

Quand pourtant
Ce n'est pas possible.

☆

J'écris de toi dans un pays
Où le végétal
Ne cesse d'attaquer
Comme si c'était toi
Qui grondais jusqu'ici.

☆

Les menhirs sont en rang
Vers quelque chose
Qui doit avoir eu lieu.

☆

A Carnac, l'odeur de la terre
A quelque chose de pas reconnaissable.

C'est une odeur de terre
Peut-être, mais passée
A l'échelon de la géométrie

Où le vent, le soleil, le sel,
L'iode, les ossements, l'eau douce des fontaines,
Les coquillages morts, les herbes, le purin,
La saxifrage, la pierre chauffée, les détritus,
Le linge encore mouillé, le goudron des barques,
Les étables, la chaux des murs, les figuiers,
Les vieux vêtements des gens, leurs paroles,
Et toujours le vent, le soleil, le sel,
L'humus un peu honteux, le goémon séché,

Tous ensemble et séparément luttent
Avec l'époque des menhirs

Pour être dimension.

☆

Femme, femme, au secours
Contre le souvenir
Enrôleur de la mer.

Mets près de moi
Ton corps qui donne.

☆

Toujours nouvelle — et pas
Parce que tu changes.

Toujours nouvelle
Puisque je t'apprends
Et jamais ne sais ce que tu seras.

Donc tu donnes, quand même,
Tu ouvres.

☆

Donne au moins ce qu'en toi
Nous avons investi.

Pour remplacer ce Dieu
Où nous t'avons jetée,

Nous avons besoin
De trouver la fête.

— Il ne semble pas
Que tu aies la tienne.

☆

Pour se faufiler
Dans l'étroit canal
Qui menait au port avant les bassins,

Elles se pressaient, tes vagues,
Lors de la marée,
Elles se bousculaient.

Elles avaient besoin
Que l'interminable
Soit fini pour elles.

☆

Je parle mal de toi.

Il me faudrait parler
Aussi vague et confus
Que rabâchent tes eaux.

Et des éclats
Pour ta colère,

Tes idées fixes
Sous le soleil.

☆

Je n'ai jamais compris
Pourquoi, où qu'ils soient,
Toujours les gens causaient

Et rarement
j'ai su de quoi.

Tu fais comme eux,
Tu veux causer,
Tu te racontes.

☆

Ce qu'aussi tu veux
C'est t'allonger jusque dans les terres,
C'est les pénétrer, c'est être avec l'herbe.

Tu fais des rivières,
De vieux marais.

Mais là tu te perds
En perdant ta masse

Et ce néant
Qui te traverse.

☆

Toute une arithmétique
Est morte dans tes vagues.

☆

Il y a des moments
Où l'on te trouve entière,
Brutale d'être toi.

Là tu viens verticale et verte te dresser
A toucher notre face.

Là tu nais en toi-même
A chaque instant que nous faisons.

☆

Parfois tu étais
Un moment de moi.

Je nous exposais
Au risque d'aller,

Car plus tard
Est toujours présent.

☆

Quand je te regardais jusqu'au plus loin possible,
C'est vers le midi
Que je me tournais.

Je l'ai su depuis,
Lumière extasiée,
Horizon vaincu.

☆

Il me semble parfois
Qu'entre nous il y a
Le souvenir confus
De crimes en commun.

Nous voici projetés face à face
Pour comprendre.

☆

Avant nous
Tu étais là,

Avant qu'apparussent
Des choses timides

Qui allaient sans toi
Qui t'abandonnaient,

Où poussaient des yeux.

☆

S'il est vrai qu'en toi
Commença la vie,

Est-ce une raison
Pour que tu nous tiennes

Comme des complices?

Quand les bruyantes charrettes
Cahotaient dans les chemins creux

Où de la vieille boue
Était à demeure, témoignant
Pour les eaux vaincues, acceptant,

Tu te tendais à travers l'air
Au long du jour,

Toi sans lèvres,
Pour un baiser.

☆

Parfois sur une lande
Où l'on te voyait de loin,

C'était une fête
De la lumière et du vent léger,
Toute couleur presque évanouie.

L'étendue
Ne guettait plus de proie.

L'horizontal s'acceptait,
Durer devenait possible.

☆

Encore une fois,
Que faire avec toi,
Nous qui pouvons?

Debout au soleil,
Fiers de nos travaux,
Toujours approchant d'un plus grand secret

Et toi un remords
A n'en pas finir.

☆

Et du noir,
Rien que du noir
Ou à peu près,

A cette frange près pour la lumière,
Tellement peu.

J'arrive mal
A y penser.

☆

Tu viens et tu vas
Mais dans des limites

Fixées par une loi
Qui n'est pas de toi.

Nous avons en commun
L'expérience du mur.

☆

Venant vers nous de l'horizontal
Tout à fait ouvert,

Venant comme d'une grotte
Aux relents secrets,

Dans ton souffle
Il y a de la préhistoire
Avec du visqueux

Et la gifle en pleine face
D'une jeunesse à emporter
Pour tous les sangs.

☆

Rêvant toujours d'aller sur toi
Jusqu'au large où l'on ne voit plus que toi,
Rien de la terre,

Un jour
Je l'ai pu.

Mais je n'ai trouvé que de la surface
Où peut-être j'avançais,

Du volume indéterminé
Où mes cris ne portaient pas.

☆

Tous les paysages
Qu'il a fallu voir.

Tous les paysages
Où tu n'étais pas

Et qui t'accusaient
De n'y être pas.

Et même si mes heures,
Si chacune d'entre elles,
Comme j'en rêve,

Me valait une année
Que je vis maintenant
Ou me valait un siècle,

Si le coq au matin
Criait pendant un siècle,

Si le soleil mettait
Des siècles à monter,

Est-ce que je pourrais
M'habituer à toi?

✩

Toi, ce creux
Et définitif.

Moi qui rêvais
De faire équilibre.

LA VIE ET L'ŒUVRE DE GUILLEVIC

Guillevic est né à Carnac (Morbihan) le 5 août 1907.

Son père, alors marin, se fit gendarme et l'emmena à Jeumont (Nord) en 1909, à Saint-Jean-Brévelay (Morbihan) en 1912, à Ferrette (Haut-Rhin) en 1919.

N'a pas appris le breton, qu'on lui interdisait de parler, mais l'alsacien et l'allemand. A fréquenté, de 1920 à 1925, le collège d'Altkirch (Haut-Rhin) : a fait la classe de Mathématiques élémentaires.

Entre au concours de 1926 dans l'administration de l'Enregistrement : Alsace, Ardennes, puis le ministère des Finances et des Affaires économiques en février 1935. Vit alors à Paris. Prend, en 1967, sa retraite d'inspecteur de l'Économie nationale.

S'est occupé notamment de contentieux fiscal, de reconstruction, d'économie nord-africaine, de conjoncture, d'aménagement du territoire.

Catholique pratiquant jusque vers trente ans, devient sympathisant communiste lors de la guerre d'Espagne, adhère au Parti communiste français en 1942, reste fidèle à cet engagement jusqu'en 1980.

Meurt à Paris le 19 mars 1997.

Son premier livre : *Terraqué*, date de 1942, suivi en 1947 par *Exécutoire*.

— Autres recueils publiés aux Éditions Gallimard : *Gagner* (1949), *Carnac* (1961), *Sphère* (1963), *Avec* (1966), *Euclidiennes* (1967), *Ville* (1969), *Paroi* (1970), *Inclus* (1973), *Du domaine* (1977),

Étier (1979), *Autres* (1980), *Trouées* (1981), *Requis* (1983), *Motifs* (1987), *Creusement* (1987), *Art poétique* (1989), *Le Chant* (1990), *Maintenant* (1993), *Possibles futurs* (1996) : *Quotidiennes* (2002) : *Présent* (2004) : *Relier* (2007) :

— aux Éditions Seghers : *Terre à bonheur* (1952, 1985) ;
— aux Éditeurs français réunis : *Encoches* (1970).

Nombreuses publications (à tirage limité) en collaboration avec des peintres. Grand Prix National de Poésie en 1984.

La poésie de Guillevic est traduite dans plus de quarante langues et de soixante pays. Il a également une importante œuvre de traducteur.

*

Sur la vie et l'œuvre de Guillevic, on peut consulter, entre autres : *Guillevic*, préface de Jean Tortel (Seghers, « Poètes d'aujourd'hui », 1962-1971-1978) ; « Guillevic », dans *Onze études sur la poésie moderne* de Jean-Pierre Richard (Seuil, 1964) ; *Expérience de la poésie* de Jean Onimus (Desclée De Brouwer, 1973) ; « Présence de Guillevic », dans la *Nouvelle Revue Française*, mai 1977 ; *Le Parcours oblique* de Roger Munier (La Différence, 1979) ; *Vivre en poésie*, entretien avec Lucie Albertini et Alain Vircondelet (1980, nouvelle édition Le Temps des cerises, 2007) ; *Choses parlées*, entretiens avec Raymond Jean (Éditions du Champ Vallon, 1982) ; *Sud* (colloques Poésie-Cerisy, mai 1983) ; *Lire Guillevic*, ouvrage collectif sous la direction de Serge Gaubert (P.U.L., 1983) ; *Poésie et figuration* de Jean-Marie Gleize (Seuil, 1983) ; *Guillevic, un poète*, présentation de Jean-Pierre Le Dantec (Folio junior, Gallimard, 1984) ; *Guillevic ou la Sérénité gagnée* de Jean Pierrot (Éditions du Champ Vallon, 1984) ; *Les États de la poétique* d'Henri Meschonnic (P.U.F., 1985) ; *Guillevic : les chemins du poème* (Sud, numéro spécial, 1987) ; *Guillevic* d'Anne-Marie Mitchell (Le Temps parallèle, 1989) ; *Guillevic* (*Europe*, juin-juillet 1990) ; *Guillevic : Du Menhir au Poème* de Pascal Rannou (Skol Vreizh, 1991) ; *Guillevic, sauvage de la modernité* de Gavin Bowd (University of Glasgow Publications, 1992) ; *Eugène Guillevic* de Michael Brophy (Rodopi, Amsterdam-Atlanta, 1993) ; *L'Expérience Guillevic*, collectif sous la direction de Jean-

212

Louis Giovannoni et Pierre Vilar (Deyrolle/Opales, 1994) : *Myth and the sacred in the poetry of Guillevic* de Stella Harvey (Rodopi, Amsterdam-Atlanta, 1997) ; *Voies vers l'autre* (*Dupin, Bonnefoy, Noël, Guillevic*) de Michael Brophy (Rodopi, Amsterdam-Atlanta, 1997) : *Un brin d'herbe/Après tout*, entretiens avec Jean-Yves Erhel, 1979 (La Part commune, 1998) : *Le Cri du chat-huant, le lyrisme chez Guillevic* de Bernard Fournier (L'Harmattan, 2002) : *Guillevic, la passion du monde*, collectif réuni par Jacques Lardoux (Bibliothèque universitaire d'Angers, 2004) ; *Guillevic et sa Bretagne* de Maria Lopo (Presses universitaires de Rennes, 2004) : *Du pays de la pierre*, entretiens avec Boris Lejeune présentés par Lucie Albertini (La Différence, 2006).

SPHÈRE

DU MÊME AUTEUR

dans la même collection

TERRAQUÉ *suivi de* EXÉCUTOIRE. *Préface de Jacques Borel.*

DU DOMAINE *suivi de* EUCLIDIENNES.

ÉTIER *suivi de* AUTRES.

ART POÉTIQUE *précédé de* PAROI *et suivi de* LE CHANT.
Préface de Serge Gaubert.

POSSIBLES FUTURS.

Ce volume,
le cent vingtième de la collection Poésie,
a été achevé d'imprimer sur les presses
de CPI Bussière à Saint-Amand (Cher),
le 18 février 2013.
Dépôt légal : février 2013.
1ᵉʳ dépôt légal dans la collection : octobre 1977.
Numéro d'imprimeur : 2001283.

ISBN 978-2-07-032173-5./Imprimé en France.